MARI COELHO



# CONEXÃO DIVINA

## 31 DIAS PARA OUVIR A VOZ DE DEUS

Coordenação Editorial: Mari Coelho
Produção de Texto e Revisão: Palavras dos Céus
Diagramação: Giovana Louise

Palavras dos Céus

"É natural ser BOM no seu DOM." - Mari Coelho
@falamaismari // www.maricoelho.com

Dados Internacionais de Catalogação na Publicação (CIP)
(eDOC BRASIL, São Paulo / SP)

**Dados Internacionais de Catalogação na Publicação (CIP)**
**(Câmara Brasileira do Livro, SP, Brasil)**

Coelho, Mari
Conexão divina : 31 dias para ouvir a voz de Deus / Mari Coelho. -- Barueri, SP : Palavras dos Céus, 2025.

ISBN 978-65-85518-69-7

1. Deus (Cristianismo) 2. Literatura devocional 3. Relacionamento - Aspectos religiosos I. Título.

25-248277 CDD-242

**Índices para catálogo sistemático:**

1. Literatura devocional : Cristianismo 242

Eliane de Freitas Leite - Bibliotecária - CRB 8/8415

"Se algo
fez arder o
seu coração,
é porque
vale a pena
investir seu
tempo."

MARI COELHO

# Sumário

# É possível falar com Deus?

Uma das primeiras dúvidas que recordo ter era de quando fazia catequese e estava na escola. Em um lugar, ensinavam que Deus criou tudo; em outro, que foi uma grande explosão. Mas, desde pequena, lembro de ter uma dúvida no meu coração: O que eu vim fazer no mundo?

Já busquei muitas respostas e tive contato com diversas religiões, mas entendi que Deus não precisa de nenhuma delas para estar com cada um de nós. Assim como falamos com nossos amigos e enviamos mensagens via WhatsApp, você também pode falar com Deus, precisa apenas se permitir e querer receber as mensagens que vêm do céu para você.

Não sou contra a religião, pelo contrário, acho ela de extrema importância; mas assim como para ter intimidade com alguém você precisa de convivência direta, para ter intimidade com Deus é preciso de relacionamento. E uma verdadeira relação não permite intermediários, mesmo que eles sejam a própria religião.

Desde pequena, sempre tive muita sensibilidade. Era como se eu soubesse de coisas que as pessoas não sabiam, e visse coisas que as pessoas não viam. Até a minha fase adulta, isso me causava muito medo, porque em todos os lugares que buscava, jamais tive alguma explicação para as vozes que ouvia e as visões que tinha. Era como se eu conseguisse enxergar além dessa dimensão. Porém, eu era uma criança, e como criança tudo aquilo podia ser coisa da minha cabeça.

Os anos passaram e eu tinha desejo por entender o mundo Espiritual, o que acontecia fora da Terra. Tentei buscar essa resposta em diversas religiões, mas não me encontrei em nenhuma delas. Foi quando decidi que iria buscar e estudar do meu jeito, e com um único objetivo: saber o porquê Deus me criou.

O questionamento é necessário em nossas vidas, principalmente no nosso relacionamento com Deus, se você não questiona, não tem respostas. Toda solução carrega um problema, assim como toda resposta precisa de um questionamento. O que você está querendo saber que ainda não conseguiu? O que está querendo viver que ainda não viu? Comece a prestar atenção no que acontece e questione aquilo que te incomoda.

## PARA TER RESPOSTAS É PRECISO SABER **FAZER PERGUNTAS**.

O meu objetivo com este livro é mostrar que a voz de Deus está disponível a todos, e assim como nos relacionamos com as pessoas de jeitos diferentes, cada um tem o seu jeito de se relacionar com Deus. Eu tenho sensibilidade para escrever minhas percepções. Falo que as poesias que faço são inspiradas por Deus, e, neste livro, coloquei 31 delas e como foram percebidas, para que, por meio dessas histórias, você possa acessar a sua conexão divina.

# Coragem para agir

Eu tinha um desejo muito forte em meu coração, que era saber por que Deus me criou, por que Ele tinha me trazido ao mundo. Eu queria que Deus descesse na sala da minha casa para falar comigo. Pensava assim: antigamente, Ele descia nos montes, por que não pode descer aqui? meu sofá é bem mais confortável!

Eu sei que chega a ser um pouco engraçado, mas esses detalhes servem para exaltar o tipo de inocência do pedido que tinha no meu coração. Se você deseja ter essa conexão, precisa ativar a sua inocência. Quais são os desejos que você tem, que parecem bobos? Quais são as coisas mais ingênuas que você pensa?

A nossa maior ligação com Deus está na nossa intuição, o problema é que deixamos ela de lado, por achar ser "loucura" ou coisas da nossa cabeça.

A sua
intuição não
é loucura da
sua cabeça,
é Deus
suspirando a
direção.

Com o desejo de falar com Deus, para que Ele mesmo me dissesse o porquê eu tinha sido criada, tomei uma decisão: eu não ia desistir até ter a resposta e iria criar um hábito, "ritual", tirar um tempo específico para aquilo. Eu entendi que, quando queremos algo com todo nosso coração, é necessário ter uma ação para isso. Querer é decisão, e decisão é ação. Se você, de fato, quer algo, o que está fazendo todos os dias por isso?

DEUS MORA DENTRO DE NÓS, A NOSSA CABEÇA **FAZ PARTE** DO SEU CORPO.

**A primeira coisa que você precisa para ouvir a voz de Deus é QUERER,** mas não é aquele querer falso, aquele querer da boca para fora... É aquele querer sincero, aquele querer que arde, que queima e que te faz agir.

TUDO QUE VOCÊ QUISER DE VERDADE, VOCÊ É CAPAZ DE CONSEGUIR! SÓ É NECESSÁRIO **BUSCAR POR ISSO**, E TER CORAGEM PARA FAZER ACONTECER.

A palavra **coragem** vem do latim CORACTIUM, que é a mistura de COR (que significa coração) e ACTIUM (que quer dizer agir sobre). Ou seja, coragem significa fazer (agir) o que está no coração. Se você tem vontade, significa que tem capacidade de fazer acontecer.

# Adapte, mas não pare!

Já percebeu que nem todo mundo tem o mesmo sonho que você? E que as pessoas em quem você se inspira, foi porque tiveram coragem de fazer algo que você também tem vontade de fazer?

É NECESSÁRIO SONDAR O CORAÇÃO. A SUA CONEXÃO DIVINA COMEÇA COM A SUA **VONTADE DE FAZER ACONTECER.**

Quando eu tomei a decisão de falar com Deus, continuei buscando respostas nas pessoas, mas nenhuma delas conseguiu dar a resposta que precisava. Foi então, que em um momento de loucura ou lucidez, que pensei: aqui na Terra ninguém pode me ajudar, vou procurar no céu. Então, eu simplesmente fui no google e digitei: COMO FALAR COM DEUS...

Você acredita que o Google não tem essa resposta?!

Então pensei: "O que tem de Deus na terra? A Bíblia." Fui, com sede, para ler! Mas suas palavras não são tão simples de entender. Me recordei que já tinha ouvido alguém falar que a meditação era um caminho, busquei aplicar e acabei pegando no sono... tenho muita facilidade em dormir, então a meditação também não tinha funcionado para mim.

Muitos nesse momento desistiriam, afinal já fiz de tudo e não deu certo, correto? Errado! Eu queria de verdade, e nada ia me fazer desistir daquilo. Foi então que eu adaptei: lia um trecho da Bíblia, copiava no meu caderno e meditava em cima dele.

Comecei a fazer isso diariamente, com a mesma disciplina que tinha de escovar os dentes.

Eu selecionava um trecho, copiava e meditava. Nessa época, também comecei a estudar pessoas que falavam com Deus, afinal de contas eu queria essa conexão divina, deveria me inspirar em quem já a tinha.

Contudo, não me adaptei com nenhum jeito que tentaram me ensinar, com isso entendi que tinha que desenvolver o meu jeito de falar com Deus, a conexão divina é similar a conexão humana, é diferente para cada um.

# Divina intuição

Como eu estava atenta nessa minha Missão, comecei a reparar mais na minha intuição, e percebi que, em alguns momentos, sentia de falar algo para alguém. Normalmente alguém que não conhecia, e em ambientes diferentes. Lembro-me perfeitamente de um dia em especial, eu estava em um evento, que devia ter, em média, 500 pessoas; Uma mulher se levantou para fazer uma pergunta, naquele momento senti que devia falar algumas palavras específicas para ela, mas recuei. Fiquei pensando: Como vou no meio das pessoas falar que senti isso? Vão me achar louca, irei me expor... antes que eu terminasse todas as desculpas que poderia dar para não seguir minha intuição, uma outra pessoa levantou-se e falou EXATAMENTE a mesma coisa que eu tinha sentido de falar.

FOI AÍ QUE EU ENTENDI, DEUS FALA CONOSCO **O TEMPO TODO**, NÓS QUE NÃO OBEDECEMOS ESSE OUVIR.

Foi interessante porque aquela voz que eu ouvi aquele dia, eu escutava desde sempre, quando criança, adolescente, ela falava comigo o tempo todo. Era como se tivesse descoberto que aquela voz, aquela intuição, era divina.

Decidi que, a partir daquele momento, iria seguir tudo aquilo que sentia e ouvia, que iria me permitir fluir naquele mundo ainda inexplorado.

# Ferramenta do Céu

**O segundo passo para ouvir a voz de Deus é se PERMITIR FLUIR,** quando você quer algo e se permite fluir nesse processo, para de duvidar se deve ou não fazer e deixa de achar que é coisa da sua cabeça. O fluir não tem sentido, ele acontece para que você permita ser conduzido na direção do novo. E foi isso que eu fiz, dei vazão para aquela voz, era como se eu tivesse colocado um holofote na minha intuição. Eu dei visão para o que não enxergava, como se tivesse colocado as lentes da imaginação, e assim fiquei por um longo tempo.

Nesse fluir, aconteceram coisas lindas e inexplicáveis. Como em um dia que senti de convidar um amigo para ir à nossa casa. Já era mais de onze horas da noite quando decidi isso com meu marido. Imediatamente enviei uma mensagem para esse amigo. Na hora, meu marido questionou: "Mas você vai mandar mensagem para ele agora?" Eu disse: "Sim, senti que precisa ser nesse exato momento. No dia seguinte, quando ele estava em nossa casa, nos contou que, no momento em que enviei a mensagem, ele estava de joelhos pedindo uma direção para Deus.

> A CONEXÃO DIVINA É MAIS DO QUE UMA RELAÇÃO COM DEUS, ELA É **UM CANAL QUE TODOS TEMOS ACESSO**, PARA QUE POSSAMOS SER FERRAMENTAS DO CÉU NA TERRA.

Lembro de um dia em especial, que estava tomando banho e meu cabelo estava caindo demais, eu chorei tão profundo, porque aquilo foi consequência de um tratamento que estava fazendo para resolver um outro problema. Pensei: "Arrumo uma coisa e estrago outra. Deus quando isso vai acabar?!" Nesse mesmo instante que chorei profundamente, me arrependi de estar reclamando de algo que não estava tão ruim assim, eu ainda tinha muito cabelo, apesar de ele estar caindo, e que Deus devia ter problemas muito maiores para se preocupar com isso. Pedi desculpa pelo meu "egoísmo" e segui meu banho, no momento em que passei a mão no meu cabelo e saiu alguns fios, coloquei na parede para poder descartar eles depois, nesse momento aconteceu algo sobrenatural: os fios de cabelo formaram um coração, e nessa mesma hora sussurrou uma voz ao meu ouvido: "Deus coloca amor até naquilo que te causa dor, se é importante para você, é importante para Mim".

QUANTAS COISAS DEIXAMOS DE DESEJAR, PEDIR AJUDA, POR ACHAR QUE EXISTEM COISAS **MAIORES E MAIS IMPORTANTES**?

Entenda: Nós somos as pessoas mais importantes para Deus, não existe problema grande ou pequeno, se nos machuca, ele precisa ser resolvido. A pior dor é a que você sente, permita sentir aquilo que te machuca sem julgar, achar bobo ou pequeno demais.

SÃO NOS DETALHES QUE NOS SENTIMOS **ESPECIAIS**.

# Até quando vai duvidar?

Quis ilustrar algumas histórias para que você entendesse que, apesar disso, eu ainda não entendia que Deus falava comigo. Eu queria mais provas, coisas mais concretas; o meu racional não me permitia "acreditar". Então, segui no meu fluir, percebi que algo estava acontecendo e continuei na minha missão, tive outras experiências que poderia nomear de sobrenatural, mas teve uma em especial que me marcou de uma maneira única.

No dia 3 de novembro de 2020, o dia do meu aniversário, eu acordei cedo, fui no meu canto de conexão, li um trecho bíblico, escrevi e meditei tudo muito rapidamente, como de costume, e comecei a escrever alguns versos, lindos versos. Até que, de repente, comecei a escrever algo diferente! Deus havia me revelado, em poesia, que seria mãe da nossa filha. A poesia era assim:

*SORRIA MENINA, SORRIA.*

*HOJE É O SEU DIA, LEVANTE COM ALEGRIA. ACORDE, VIVA COM OUSADIA.*

*CHEGOU O MOMENTO QUE VOCÊ QUERIA, VOCÊ SERÁ MÃE DE UMA LINDA MENINA.*

*SORRIA MÃE, A PARTIR DE HOJE NÃO SERÁS APENAS FILHA, SERÁ MATRIARCA DE UMA GRANDE FAMÍLIA.*

*SORRIA MINHA ETERNA MENINA, SORRIA.*

Após escrever, comecei a chorar de emoção. Eu finalmente tinha experimentado uma verdadeira conexão. Porque quando você **QUER** algo com todo seu coração e se **PERMITE FLUIR** naquilo, você **EXPERIMENTA.**

**O terceiro passo para ouvir a voz de Deus é EXPERIMENTAR.** Quando você experimenta, quer mais e se permite fluir mais, esse ciclo é infinito.

Naquele momento, entendi que algo especial estava acontecendo. Era como se eu tivesse no caminho para saber por que Deus me criou. Eu guardei aquela mensagem, queria aprofundar mais naquilo, então me permiti fluir ainda mais, e do dia 3 ao dia 9 de novembro escrevi um livro de poesias inteiro, todas inspiradas por Deus. Comecei a escrever de uma maneira que parecia que eu transcrevia, as palavras saiam como mágica, escrevia coisas que nunca havia visto ou estudado, era como se tivesse recebendo dos céus as palavras.

No dia 9 de novembro, quando percebi que tinha escrito muitas coisas, me questionei, pois senti que Deus queria me dizer algo. Será que Ele ia me revelar por que me criou? Então fui perguntar a Ele: "O que é isso que estou escrevendo?" E Ele me respondeu: "São palavras dos céus." Eu continuei: "O que isso quer dizer?" Ele me disse: "É para você trazer as palavras dos céus para a Terra."

Naquele momento, eu não entendi e precisei de uma confirmação. Fui até o Instagram para verificar se aquele nome já existia e, pasme: o @palavrasdosceus estava disponível. Pensei: será que nenhuma igreja quis esse nome? Mas a verdade é que aquele nome era para mim. Era a prova de que eu havia recebido o nome de Deus. Então, questionei novamente: "Deus, o que é para eu fazer com isso?" E Ele me confirmou: "É para você trazer as palavras dos céus para a Terra."

Entendi que eu estava no caminho certo, mas confesso que não entendi muito bem aquela mensagem. Achei que trazer as **palavras dos céus para a terra** era sobre as minhas poesias, porque eu escrevia inspirada por Deus. Não é que eu estava errada, estava apenas equivocada, porque a escrita não era sobre mim, mas sobre o outro. Porque:

PRIMEIRO SOMOS EGOÍSTAS PARA, DEPOIS, **SERMOS ALTRUÍSTAS**.

Naquele momento, eu segui meu caminho e, alguns meses depois, eu entendi, de fato, o que era aquela mensagem, o que significava trazer as **palavras dos céus para a terra**. Essas palavras estão nas pessoas, porque em cada um de nós tem o DNA de Deus, e cada pessoa que traz o seu conhecimento para o mundo está trazendo as **palavras dos céus para a terra.**

Sou educadora e dei aula de matemática por quase duas décadas, sempre amei escrever! Aos 9 anos de idade, ganhei um concurso de poesia, mas como segui a carreira de exatas, era como se tivesse deixado de lado esse meu talento. Apesar de ter esquecido dele, ele não se esqueceu de mim. Na busca por "me encontrar", comecei o que hoje é a minha empresa, uma fábrica de conhecimento que produz livros, apostilas, metodologias, palestras, entre outros produtos utilizando como matéria-prima o conhecimento das pessoas.

A missão da minha empresa é trazer as **palavras dos céus para a terra,** já a minha é **acender a chama divina que pulsa em você.** Porque se eu simplesmente te mostrar que é possível, já estou fazendo a minha parte.

# É Possível

Deus me trouxe aqui para te falar que você não é diferente de mim, e se eu posso ter uma conexão divina você também pode. Nossas habilidades são únicas, pois cada um de nós tem um dom, talento e missão que só cabem a nós. Eu me conecto por meio de palavras e visões, alguns se conectam pelas pessoas, outros por desenhos, outros por sonhos, as possibilidades são infinitas, você só precisa descobrir o seu jeito.

É COMO UM RELACIONAMENTO, VOCÊ PRECISA DE **INTIMIDADE** PARA TER PROFUNDIDADE.

A seguir você vai acessar 31 mensagens, poesias e frases que escrevi, todas inspiradas por Deus, criadas pela conexão divina, em cada uma delas coloquei a história ou explicação para que de alguma maneira eu consiga te mostrar como acontece, o que penso, ou deixo de pensar na hora de receber essas mensagens. Ao final de cada dia, reserve um momento para anotar suas percepções. No final do livro, há páginas dedicadas para essas anotações. Para que ao final desses 31 dias, e se possível antes, você encontre a sua conexão.

Abra os olhos, ouvidos,
coração e todos os sentidos,
Deus quer se conectar com
você, fique pronto para
receber a mensagem do céu
e servir o mundo com seu
dom divino.

“

DIA **01**

# É NATURAL SER BOM NO SEU DOM.

MARI COELHO

”

Você já se perguntou por que há algumas coisas que você faz, que tem tanta facilidade, que mal percebe se existe esforço para exercer aquilo? Ou já percebeu de alguém te pedir uma ajuda ou conselho, e você responder de um jeito tão "simples", e a outra pessoa te agradecer imensamente, mas no fundo você pensar que não acreditava ser possível apenas aquilo ter ajudado alguém?

As coisas que você fez que deram mais certo na sua vida, tenho certeza que foram leves, fluídas e, até mesmo, se você precisasse explicar para outra pessoa, mal saberia ditar o que foi feito. Sabe por quê? Porque é natural ser BOM no seu DOM.

ISSO ACONTECE PORQUE AQUILO QUE VOCÊ É BOM, É **FÁCIL E NATURAL** PARA VOCÊ PORQUE É UM TALENTO SEU.

Tome posse de quem você é e daquilo que você é capaz. A segunda pessoa que precisa acreditar em você, é você mesmo! Porque a primeira já foi Deus quando te fez.

"E A GRAÇA FOI CONCEDIDA A CADA UM DE NÓS SEGUNDO A PROPORÇÃO DO DOM DE CRISTO."

EFÉSIOS 4:7

“

DIA **02**

NÃO É PORQUE É FÁCIL QUE NÃO TEM VALOR.

MARI COELHO

”

Vivemos e crescemos em um mundo onde as pessoas (ou pelo menos grande parte delas) acreditam que apenas aquilo que tem muito trabalho ou esforço tem valor. A impressão que tenho é que, se não demorar muito, "arrancar" um pedaço e, muitas vezes, até ser um processo "sofrido", não possui tanto valor assim. Mas o ponto é que aquilo que você é bom é fácil para você, pois isso é o seu dom. E muitas das coisas que executa hoje com facilidade e agilidade foram devido à sua experiência e tudo que já viveu em sua trajetória.

Entenda que, por mais que seja fácil para você fazer, o mundo vê valor. Porém, é você que deve se posicionar no mundo. Porque você é uma pessoa incrível, mas o mundo só vai saber se você contar.

Abra a boca e coloque para fora todo esse dom e talento, é natural e fácil pra você? Sim! Mas tem valor para o mundo, esse é o seu talento, é a sua missão.

NA VERDADE NÃO É QUE É FÁCIL, VOCÊ É QUE CONSEGUE **FAZER PARECER** FÁCIL.

"O SEU VALOR NÃO SE PODE AVALIAR PELO OURO DE OFIR, NEM PELO PRECIOSO ÔNIX, NEM PELA SAFIRA."

JÓ 28:16

“

DIA **03**

# EXCELÊNCIA É O EXCESSO DE ESSÊNCIA.

MARI COELHO

”

Eu aprendi em minha jornada que, primeiro tinha que buscar por um trabalho ou profissão que gerasse retorno financeiro, para só depois fazer o que eu gosto. A questão é que demorei quase duas décadas para descobrir que esse conselho não estava certo.

Quando trabalhamos com aquilo que amamos, conseguimos colocar a nossa essência, a nossa paixão e, consequentemente, fazemos algo com excelência.

Você quer ser muito bom em algo? Se destacar em alguma área?

EXTERNE A SUA ESSÊNCIA PARA O MUNDO! QUANDO VOCÊ **EXCEDE O QUE TEM AÍ DENTRO**, VAI SER EXCELENTE NO QUE FAZ AQUI FORA.

A palavra propósito vem do Latim "proponere", que significa "pro: à frente e ponere: colocar". Na sua origem, a palavra significa "colocar à frente", "expor à vista". O que seria o seu propósito então? Expor para mundo o que é único e existe apenas dentro de você.

Quer ter excelência no que faz? Exceda a essência que existe em você.

> "SABEMOS QUE TODAS AS COISAS COOPERAM PARA O BEM DAQUELES QUE AMAM A DEUS, DAQUELES QUE SÃO CHAMADOS SEGUNDO O SEU PROPÓSITO."
>
> ROMANOS 8:28

## DIA **04**

“ENQUANTO VOCÊ OLHAR PARA OS LADOS, NÃO VAI CONSEGUIR ANDAR PARA FRENTE.

MARI COELHO”

Imagine que você está em um carro em uma linda estrada. Você observa as paisagens e admira, porém, se você estacionar para ver o que acontece naquele lugar, você pode se atrasar para chegar ao seu destino.

É assim que acontece com você! As coisas que te rodeiam podem ser admiradas, mas não devem receber o foco total, porque se a atenção fica direcionada para além daquilo que precisa ser feito, você não consegue seguir adiante.

Admire o que acontece à sua volta, mas NÃO queira estacionar ou fotografar as cenas que podem atrasar a sua rota. Não permita se distrair e utilizar a energia, que era para ser sua, em coisas ou pessoas que você não pode controlar.

NÃO INVISTA ENERGIA NAQUILO QUE **NÃO PODE MODIFICAR.**

Comece a investir seu tempo pensando em como pode ser alguém melhor hoje. Você é o único capaz de mudar o seu mundo.

Honre no pouco, sirva muito. E olhe para o alto.

"ENTÃO, O ANJO DO SENHOR PASSOU MAIS ADIANTE E PÔS-SE NUM LUGAR ESTREITO, ONDE NÃO HAVIA CAMINHO PARA SE DESVIAR NEM PARA A DIREITA, NEM PARA A ESQUERDA."

NÚMEROS 22:26

“

DIA **05**

# MÉTODO NÃO É SOBRE MERCADO, MÉTODO É SOBRE LEGADO.

MARI COELHO

”

Você já pensou no legado que quer deixar? Em como quer ser lembrado? Qual contribuição irá vir de você?

Vou te contar uma coisa, mas antes eu preciso te contar uma história. Existe um termo que eu criei, que chamo de Método de Deus. Você já ouviu falar? Talvez se não me conhece, essa é a primeira vez que ouve esse termo. E o que é o Método de Deus?

É A PROVA DE QUE TUDO AQUILO QUE É CRIADO TEM A **MARCA DO SEU CRIADOR.**

Para te explicar melhor, você provavelmente já ouviu falar da sequência de Fibonacci. É uma sequência matemática que começa com 0 1 1 2 3 5... e vai até infinito.

Chega um determinado momento dessa sequência em que, se você dividir seus termos, você chega em um número aproximado de 1,618.

Esse número é conhecido como número divino, proporção Áurea, assinatura de Deus. Eu particularmente chamo de Método de Deus.

Está presente nos animais, na natureza, em nós seres humanos. Tudo aquilo que Deus criou. Você sabia disso? Mas independente da sua resposta, isso não muda o fato disso existir.

É a mesma coisa com o seu método, tudo que você faz tem um jeito seu, seu toque especial. Aquela assinatura que só você é capaz de fazer ou executar.

Seu método não é o seu trabalho, a sua área ou seu mercado de atuação, seu método é seu legado, a sua parte, a sua contribuição.

ASSISTA AO LADO O VÍDEO DO **MÉTODO DE DEUS.**

"UMA GERAÇÃO CONTARÁ À OUTRA A GRANDIOSIDADE DOS TEUS FEITOS; ELES ANUNCIARÃO OS TEUS ATOS PODEROSOS."

SALMOS 145:4

## DIA **06**

# ESTEJA COM PESSOAS QUE VIVEM AQUILO QUE VOCÊ ACREDITA, PARA NÃO SE PERDER QUANDO SE ESQUECER DE QUEM VOCÊ É.

MARI COELHO

Essa frase tem uma história linda.

Não sei se você sabe, mas eu escrevo muito. Não sei nem te falar quantas poesias ou textos eu tenho escritos. Talvez mais de mil, não sei ao certo.

Lembro-me que estava navegando as redes sociais e me deparei com minha própria frase. Confesso que foi meio surpreendente. Li aquela frase e achei incrível, quando eu vi tinha o meu nome assinado.

Não me recordo o que estava pensando ou sentindo antes de ler ela, mas depois que a li, tive um sentimento de pertencimento.

Isso porque recebi a minha própria frase (que não lembrava que era minha) postada por alguém que trabalha junto comigo, a Dani.

VOCÊ PODE NÃO PERCEBER,
MAS TODOS OS DIAS É
**INFLUENCIADO.**

A questão aqui é o quão essa mensagem é verdade. Por muitas vezes, o ambiente é o que nos sustenta, seja o trabalho, os amigos, colegas, a família...

Estar com pessoas que acreditam e buscam viver pelo mesmo propósito, princípios e valores que você, é garantir a carga extra de bateria que você vai precisar quando sua carga acabar.

**VOCÊ ESCOLHE** AS PESSOAS QUE QUER CAMINHAR, MAS AS PESSOAS TAMBÉM ESCOLHEM CAMINHAR COM VOCÊ.

Por isso, quero dedicar essa frase para Daniela Mota, ela foi a primeira funcionária da empresa e espero ter ela sempre por perto. Obrigada Dani, por escolher caminhar com a gente e nos ajudar a construir o mundo que queremos viver.

"VÓS SOIS AS MINHAS TESTEMUNHAS, DIZ O SENHOR, O MEU SERVO A QUEM ESCOLHI; PARA QUE O SAIBAIS, E ME CREIAIS, E ENTENDAIS QUE SOU EU MESMO, E QUE ANTES DE MIM DEUS NENHUM SE FORMOU, E DEPOIS DE MIM NENHUM HAVERÁ."

ISAÍAS 43:10

DIA **07**

QUANDO FOR OUVIR O MUNDO PENSE: SERÁ QUE DEUS DIRIA ISSO PRA MIM? QUANDO FOR AGIR NO MUNDO LEMBRE-SE: SERÁ QUE NO CÉU EU AGIRIA ASSIM?

MARI COELHO

Nascemos puros e amados. Com o tempo, o que acontece? Nosso filtro é acumulado. São tantas mentiras que recebemos a nosso respeito, até nós mesmos falamos com a nossa boca coisas que o nosso ouvido não deveria escutar.

Eu gosto muito dessa frase porque, para mim, ela é um jeito de viver. Toda vez que as pessoas (eu me incluo nessa lista) falam algo negativo a meu respeito, eu penso: Será que Deus diria isso para mim?

Rapidamente, eu excluo aquela negatividade e retorno para minha essência. Eu sei que não é simples fazer isso, principalmente em dias que parece que tudo é mais difícil.

A QUESTÃO É: SE VOCÊ NÃO INSTALAR ESSE HÁBITO, VAI FICAR **MAIS DIFÍCIL** AINDA!

E o mesmo faço com minhas ações, quando falo ou faço algo, sempre penso: Será que no céu eu agiria assim?

E se a resposta for não, eu me retrato, me desculpo, volto atrás, mudo de rota. Para mim, isso é filosofia de vida.

Por isso, quando for ouvir o mundo, pense: "Será que Deus diria isso para mim? Quando for agir no mundo, lembre-se: será que no céu eu agiria assim?"

> "TUDO O QUE LIGARDES NA TERRA SERÁ LIGADO NO CÉU, E TUDO O QUE DESLIGARDES NA TERRA SERÁ DESLIGADO NO CÉU."
>
> MATEUS 18:18

“

DIA **08**

# DEUS, ME TIRA DO AUTOMÁTICO E ME FAZ AGIR NO SEU MANUAL.

MARI COELHO

”

Com certeza, essa foi uma das frases mais impactantes que escrevi. É engraçado que eu me lembro quase de todas as criações que fiz, mas dessa em especial, tenho a sensação de que sempre existiu.

Quantos dias passam despercebidos, em que você acorda e executa tudo sem pensar? Será que o modo automático em que você vive é seu, ou você escolheu estar assim?

COMECE A DIRIGIR O VEÍCULO DA SUA VIDA, MAS EM VEZ DE PASSAR A MARCHA, PEÇA PARA DEUS O **MANUAL DO CÉU**.

Apesar de funcionar muito bem o que você faz, teste usar como guia a rota que o Criador do mundo desenhou para você.

"TOMARA FOSSEM ELES SÁBIOS! ENTÃO, ENTENDERIAM ISTO E ATENTARIAM PARA O SEU FIM."

DEUTERONÔMIO 32:29

"

DIA **09**

# NÃO FOMOS FEITOS PARA VIVER EMBAIXO DE TETO E A PROVA DISSO É QUE VIVEMOS SOB O CÉU.

MARI COELHO

"

Pai, eu agradeço pela perfeição que herdei de Ti. Pela beleza que vem do céu! Pela saúde perfeita que eu possuo. Eu agradeço por todas as Suas promessas, por mais que meus olhos não vejam e nem meu coração sinta. Mas eu vou repetir e dizer até que a Sua verdade e Sua palavra entrem em cada célula do meu corpo.

PORQUE O MEU DNA É DO CÉU, E AS PROMESSAS DOS CÉUS SÃO AS MINHAS VITÓRIAS. AS PROFECIAS DE DEUS SÃO A MINHA REALIDADE. A VONTADE DE DEUS É O **MEU CAMINHAR**.

Que eu repita isso, até que eu sinta isso. Que eu seja isso, até que minhas ações respondam isso. Que eu represente isso, até que meu exterior comunique isso.

Que meu interior seja amor, para que eu exale a Sua luz no mundo. Que nada possa parar a Sua mensagem que habita em mim. Que nenhuma sombra possa apagar a Sua luz. Que eu seja um laser, que ultrapassa as enfermidades, as dificuldades, as inseguranças, as desavenças, os ruídos, e qualquer coisa que possa atrapalhar a Sua salvação na minha vida e na vida das pessoas que eu possa encontrar.

Que meu propósito seja o Seu propósito. Que a senha do céu seja a única chave para o cadeado da minha vida.

Que eu jamais coloque limite nos meus sonhos, e todas às vezes que eu duvidar, que eu possa olhar para o céu e ver que estou sob a Sua proteção. Porque não fomos feitos para viver embaixo de teto, e a prova disso é que vivemos sob o céu.

"TENHO VISTO QUE TODA PERFEIÇÃO TEM SEU LIMITE; MAS O TEU MANDAMENTO É ILIMITADO."

SALMOS 119:96

“

DIA **10**

# AS PESSOAS TE ADMIRAM NO SILÊNCIO, NÃO DEIXE QUE ISSO CALE A SUA VOZ.

MARI COELHO

”

Eu lembro exatamente o dia que eu escrevi essa frase. Estava almoçando, no meu antigo apartamento. De repente eu escutei assim no meu ouvido: As pessoas te admiram no silêncio, não deixe que a quietude do mundo cale a sua voz.

Imediatamente eu peguei o meu telefone e anotei, a frase inicial era um pouco mais completa. Mas a questão é: você tem ouvido a sua intuição? Ou tem se guiado pela voz do mundo?

SEMPRE QUE EXIGIR APLAUSOS PARA PASSAR SUA MENSAGEM, TERÁ SUA VOZ **ESQUECIDA** NA MULTIDÃO.

Nem sempre as pessoas vão te falar o quanto aquilo que você disse ou fez mudou a vida delas, mas saiba que por mais que alguns não te comuniquem, existem pessoas sendo transformados pela sua voz.

Pode ser uma frase, um sorriso, um conteúdo, um vídeo, uma conversa, um livro...

Nem sempre o resultado que você gera vai vir estampado ou será anunciado aos seus ouvidos. Entenda: os "mortos" não louvam, mas a sua voz pode ressuscitar e salvar vidas.

"POR MUITO TEMPO ME CALEI, ESTIVE EM SILÊNCIO E ME CONTIVE; MAS AGORA DAREI GRITOS COMO A PARTURIENTE, E AO MESMO TEMPO OFEGAREI, E ESTAREI ESBAFORIDO."

ISAÍAS 42:14

“

DIA **11**

# SE ESTÁ DIFÍCIL, É PORQUE VOCÊ ESTÁ FAZENDO ALGUMA COISA ERRADA.

MARI COELHO

”

As coisas estão difíceis para você? Reveja o que está fazendo. Existe uma diferença entre ser difícil e ser trabalhoso.

Algumas coisas vão dar trabalho para fazer sim, mas é um trabalho que você executa de maneira leve. Agora as coisas difíceis te travam, parece que não fluem naturalmente.

Quando isso acontece, é um sinal de alerta. Toda vez que você estiver atuando fora do seu talento, ou de um jeito errado, as coisas vão ser difíceis.

A vida deve ser leve, porque aquilo que você é bom sempre vai ser fácil para você.

JÁ PERCEBEU QUE VOCÊ FAZ COISAS QUE OUTRAS PESSOAS ACHAM **SER IMPOSSÍVEIS** DE SE EXECUTAR?

Assim como outras pessoas fazem coisas que você acha difícil demais de fazer. Entenda: A dificuldade é a chave. Naquilo que você é bom, você sempre fará com muita facilidade.

Espero que essa reflexão te ajude a destravar algo que existe em você. Seu dom sempre será simples e fácil para você. Foque nele.

Lembro-me quando fui escolher qual faculdade seguir, queria muito uma carreira em uma área mais criativa, pois sempre tive habilidades nessas áreas. E meu pai me falou: "Filha, primeiro você faz aquilo que dá dinheiro, depois você faz o que gosta."

Meu pai me ensinou muitas coisas, mas dessa vez ele estava errado. Descubra o que você gosta, porque com amor é muito mais fácil fazer o seu melhor.

"O QUE TRABALHA
COM MÃO REMISSA
EMPOBRECE, MAS A MÃO
DOS DILIGENTES VEM A
ENRIQUECER-SE."

PROVÉRBIOS 10:4

“

## DIA 12

# QUEM É ESPECIALISTA NÃO PRECISA ESTUDAR PARA FALAR DO ASSUNTO.

MARI COELHO

”

Uma vez me perguntaram: "Mari, como sei se alguém é especialista em algo?" E eu respondi: "Perceba como essa pessoa reage no improviso."

Já percebeu que quem domina algo, mesmo quando a pessoa fala que não vai explicar direito, ela dá aula?

O ESPECIALISTA MESMO QUANDO TEM DÚVIDA É CAPAZ DE **ENTREGAR A CERTEZA** PARA ALGUÉM. ELE DOMINA, ELE SABE E CONHECE.

Um especialista não precisa se preparar para falar de algo, porque ele já tem vivência suficiente para falar daquilo com naturalidade.

Perceba isso no mundo e em você.

"ENTÃO, LHES DISSE: DO COMEDOR SAIU COMIDA, E DO FORTE SAIU DOÇURA. E, EM TRÊS DIAS, NÃO PUDERAM DECIFRAR O ENIGMA."

JUÍZES 14:14

“

DIA **13**

PAI, ONDE FOI QUE ME PERDI PARA QUE VOCÊ POSSA ME ENCONTRAR.

MARI COELHO

”

Quantas vezes você já se fez essa pergunta? Será que você tem medo da resposta ou medo da responsabilidade?

O que tem de mais nobre no ser humano não é seu agir sem falhas, mas sim assumir seus erros e voltar para o Pai para jamais se afastar da luz divina.

ENTENDA, **VOCÊ VAI ERRAR**. O PROBLEMA NÃO É O QUE VOCÊ FAZ, MAS A POSTURA QUE TERÁ DURANTE TODOS OS SEUS ERROS.

Que hoje você permita que a luz do céu domine sua vida e o seu lar. E que a paz do alto seja seu mantra e possa sempre te guiar. Permita se encontrar.

"QUANDO EU ERA MENINO, FALAVA COMO MENINO, SENTIA COMO MENINO, PENSAVA COMO MENINO; QUANDO CHEGUEI A SER HOMEM, DESISTI DAS COISAS PRÓPRIAS DE MENINO."

1CORÍNTIOS 13:11

DIA 14

SUA ESSÊNCIA
VEM DO ALTO,
NÃO PERMITA
MANTER A
FREQUÊNCIA
'EMBAIXO'.

MARI COELHO

Jamais deixe que as pessoas te digam que você é menor do que o seu tamanho infinito. Jamais tenha atitudes que, no fundo, te envergonhem.

Como seres cheios de possíveis erros, precisamos sempre alinhar o que falamos, fazemos, ouvimos e pensamos para que, a cada dia, possamos nos aproximar de nossa essência e viver a excelência divina em nossas vidas.

**O MEDO NÃO PODE TE PARAR.** A INSEGURANÇA NÃO PODE TE ATRAPALHAR. VOCÊ É LUZ E NASCEU PARA BRILHAR, REINAR E TRANSFORMAR.

Não sei o que você está passando, ou se está passando por algo, mas eu sei que você é infinitamente maior do que tudo o que está vivendo.

Se está vivendo algo incrível, saiba que isso não é nem 10% do que ainda vai viver. E se está passando por um momento difícil, saiba que isso não é nada perto do potencial que existe em você.

Durante nossa vida, vamos passar por diversas situações; permita-se fluir, elimine as confusões, escolha hoje não viver sob condições. Declare palavras positivas. Clame pelo amor e prosperidade em sua vida.

E quando tudo estiver falhando, lembre-se: até mesmo o 'quebrado' se faz útil quando existe vida. Que essa mensagem aqueça seu coração neste dia.

"POIS ASSIM ESTÁ ESCRITO: O PRIMEIRO HOMEM, ADÃO, FOI FEITO ALMA VIVENTE. O ÚLTIMO ADÃO, PORÉM, É ESPÍRITO VIVIFICANTE."

1CORÍNTIOS 15:45

“

DIA **15**

PAI, QUE SEU AMOR FALE ATRAVÉS DE MIM ATÉ QUE EU ME TORNE SUA PRÓPRIA VOZ.

MARI COELHO

”

Sempre que eu vou falar com as pessoas eu peço para Deus para que eu seja a extensão da Sua sabedoria, conhecimento e amor. Em uma dessas ocasiões, Ele completou a minha frase dizendo assim:

"Que Seu amor fale através de mim, até que eu me torne Sua própria voz."

Na hora eu me emocionei, me recordo que eu comecei a falar com as pessoas já com os olhos cheio de lágrimas.

O tempo todo estamos comunicando, agindo, fazendo, mas já parou para pensar e pedir para ser essa ferramenta que comunica, age e faz de acordo com o coração de Deus?

PARE DE DIZER APENAS AMÉM, COMECE A **TRANSFORMAR** A VIDA DE ALGUÉM.

Já parou para pensar e pedir para ser luz? Hoje desejo que você seja luz, mesmo que se sinta na escuridão. Pois quando ilumina, mesmo que perdido, encontra a direção.

Permita-se ser a voz do amor de Deus no mundo. A terra está cansada do silêncio e das indagações.

> "ELE PERMANECERÁ ENQUANTO EXISTIR O SOL E ENQUANTO DURAR A LUA, ATRAVÉS DAS GERAÇÕES."
>
> SALMOS 72:5

## DIA **16**

# UM DOS MAIORES APRENDIZADOS QUE A VIDA PODE NOS TRAZER É QUE A GENTE NUNCA SABE DE TUDO.

MARI COELHO

Aquele que acha que detém o conhecimento ocupa todo o espaço que precisa para aprender e evoluir.

Somos seres dinâmicos, nosso eu de ontem sempre saberá menos do que o eu de hoje e de amanhã. Estamos em constante evolução, se você se coloca na posição de que já sabe de algo, perde a oportunidade de aprender a fazer de maneira inteligente algo que "achava" que fazia muito bem.

Existe uma zona do conhecimento que chama: aquilo que eu acho que eu sei. Essa zona é muito perigosa, pois quando você se coloca na posição de detentor da verdade, não se permite aprender novas percepções.

Se coloque na posição de eterno aluno; entenda que você precisa ser muito seguro de si para demonstrar a sua dúvida ou insegurança para o mundo.

SÓ EVOLUI AQUELE QUE QUESTIONA E **SABE PERGUNTAR.**

Você só consegue executar algo com excelência quando tem coragem de falar: eu não entendi.

Pergunte para entender. Ouça para não parar de crescer.

> "DÁ INSTRUÇÃO AO SÁBIO, E ELE SE FARÁ MAIS SÁBIO AINDA; ENSINA AO JUSTO, E ELE CRESCERÁ EM PRUDÊNCIA."
>
> PROVÉRBIOS 9:9

## DIA **17**

SE VOCÊ NÃO FOR CAPAZ DE VER ALÉM DO QUE SEUS OLHOS PODEM VER, SÓ VAI TER AQUILO QUE SUAS MÃOS CONSEGUEM CARREGAR.

MARI COELHO

Para conquistar algo extraordinário, é preciso enxergar o "impossível". Quando enxergamos além do que nossos olhos humanos podem ver, nos tornamos capazes de experimentar as maravilhas que o mundo tem a oferecer.

Muitas pessoas são capazes de ver o resultado que elas podem conseguir, mas nem todas conseguem sustentar a própria visão.

SE VOCÊ NÃO VIVER DE ACORDO COM O SEU SONHO, JAMAIS VAI SER DIGNO DE **VIVENCIÁ-LO.**

Tome posse do que é seu e viva a caminhada até chegar no destino que você já conquistou. O presente já foi dado, enxergue além do que os olhos terrenos podem ver, porque só assim você vai ter mais do que suas mãos podem carregar.

"SÃO OS OLHOS A LÂMPADA DO CORPO. SE OS TEUS OLHOS FOREM BONS, TODO O TEU CORPO SERÁ LUMINOSO;"

MATEUS 6:22

"

## DIA 18

# VOCÊ NÃO PRECISA DE UMA FRASE INSPIRADORA PARA INSPIRAR AS PESSOAS.

MARI COELHO

"

Olhe no espelho, o que você vê? Talvez aquilo que te incomoda seja a inspiração de alguém. Já parou para pensar que seus medos podem ser a coragem que o outro precisa para seguir em frente?

Pode ser que você esteja buscando uma nova conquista, ou estar em um dia melhor para ajudar alguém, mas escuta, as pessoas não estão precisando de uma frase inspiradora, elas precisam de pessoas reais, alguém que está disposto a servir e ajudar com todo coração.

Coloque-se na posição de contribuir que você vai ver quantas pessoas vão se inspirar em você.

E SE UM DIA PENSAR EM DESISTIR, LEMBRE-SE DE QUANTAS PESSOAS VOCÊ **FEZ CONTINUAR.**

"NA VERDADE, HÁ UM ESPÍRITO NO HOMEM, E O SOPRO DO TODO-PODEROSO O FAZ SÁBIO."

JÓ 32:8

“

DIA **19**

# O QUE VOCÊ CRIA SEMPRE VAI SER ULTRAPASSADO PARA VOCÊ.

MARI COELHO

”

Você já teve a sensação que fez ou criou algo muito bom, mas quando foi avaliar novamente, aquilo não estava tão incrível assim?

O motivo disso acontecer é que você é um ser em evolução, a pessoa que você era ontem sabe menos do que o seu eu de hoje, logo, tudo aquilo que você cria sempre vai ser ultrapassado para você. E precisa ser assim.

Eu escrevo poesias, sempre me deparo com alguma coisa que escrevi no passado, que talvez hoje eu falaria diferente, e por uma fração de segundo quero descartar aquilo, mas eu me lembro: talvez o que eu criei no passado, não funcione para o meu eu do presente, porém, ele poderá ajudar pessoas que estão trilhando um caminho que eu já passei.

NÃO SE APEGUE, AQUILO QUE VOCÊ CRIA É PARA **SERVIR O MUNDO**, NÃO VOCÊ.

O seu resultado é apenas consequência do valor que você gera para as pessoas, quanto mais oferece, mais você tem. Não se apegue, dê vazão as suas ideias.

"DEPOIS, VENDO JESUS QUE TUDO JÁ ESTAVA CONSUMADO, PARA SE CUMPRIR A ESCRITURA, DISSE: TENHO SEDE!"

JOÃO 19:28

## DIA **20**

# NÃO É QUE AS PESSOAS SÃO BOAS OU MÁS, É QUE ALGUMAS DELAS SIMPLESMENTE NÃO FAZEM PARTE DO SEU CAMINHO.

MARI COELHO

Essa frase explica e define muita coisa. Comecei a perceber na vida como o caminho das pessoas continua de uma forma tão linda, mesmo quando ela faz mal para alguém. E percebo também o quanto algumas vidas travam, por ficarem remoendo algo que a fizeram sentir. É importante entender que a vida das pessoas simplesmente continua...

Alguém pode não "servir" para uma pessoa e ser perfeito para outra. Como amizades podem funcionar para um grupo e não fluir em outro.

**A RODA PRECISA GIRAR,**
A VIDA CONTINUA A
FLUIR E AS PESSOAS VÃO
PROSPERAR.

Nem sempre é sobre alguém ser bom ou mau, na maioria das vezes aquela pessoa que te feriu, simplesmente não fazia parte do seu caminho.

Pare de julgar, nem sempre você vai entender. Algumas coisas acontecem, simplesmente porque precisam acontecer.

Com o tempo você percebe que não é que as pessoas são boas ou más, é que algumas delas simplesmente não farão parte do seu caminho.

"DEIXAI OS INSENSATOS E VIVEI; ANDAI PELO CAMINHO DO ENTENDIMENTO."

PROVÉRBIOS 9:6

DIA **21**

TODA VEZ QUE VOCÊ SE OLHAR NO ESPELHO VOCÊ VAI SE VER COMO EU TE VEJO.

MARI COELHO

Você mostra as suas fraquezas? Porque eu, até pra Deus, não assumo as minhas. Até para Ele, eu quero ser forte como uma fortaleza.

Certo dia resolvi quebrantar meu coração, decidi que queria curar todas as feridas que um dia poderiam me sabotar. Então perguntei: Pai, o que está me impedindo de voar?

Ele me mostrou uma visão, mostrou-me a forma que eu me vejo, e como uma tela de televisão, Ele mudou de canal. Então, Ele colocou um novo filme para passar; nesse filme, Ele pegou uma cena da minha vida, colocou-me em frente ao espelho e me disse:

"A PARTIR DE HOJE, TODA VEZ QUE VOCÊ OLHAR NO ESPELHO, VOCÊ VAI SE VER COMO **EU TE VEJO**."

Eu sei que em alguns dias você pode se sentir uma dama comum, ou até mesmo um cavalheiro como outro qualquer, mas Deus não te vê assim, para Ele você é Rainha ou Rei, e hoje Ele está te falando:

"PARA VOCÊ EU CONSTRUÍ UM CASTELO, E SE VOCÊ DEIXAR, UMA **COROA** EM VOCÊ EU VOU COLOCAR."

Nós não viemos ao mundo para sobreviver, viemos para reinar. E se você quiser, a partir de hoje, como um rei ou uma rainha, você vai governar.

Não deixe que o mundo te diga algo diferente daquilo que o Nosso Pai falou, não deixe que as suas experiências ruins sejam maiores do que a eternidade do céu.

Tome posse dessa mensagem e da pessoa que você é. Se você ainda não sente, escolha sentir. Se ainda não vê, escolha enxergar. Seja a rainha ou o rei que Deus criou, pois o que corre em suas veias é o DNA do céu, do nosso Senhor.

"PORQUANTO SE TESTIFICA: TU ÉS SACERDOTE PARA SEMPRE, SEGUNDO A ORDEM DE MELQUISEDEQUE."

HEBREUS 7:17

“

DIA **22**

# VOCÊ É UMA PESSOA INCRÍVEL, MAS O MUNDO SÓ VAI SABER SE VOCÊ CONTAR.

MARI COELHO

”

Você imagina qual o valor da sua singularidade? Olhe para as suas mãos, o que você vê? Por mais que não enxergue, ali existe um DNA, uma identidade única, e ela pertence apenas a você.

Não há problema nenhum em se inspirar ou admirar a vida de outras pessoas, mas jamais queira "ser elas".

Queira ser você mesmo! E ser você não é a sua profissão, faculdade ou religião. Ser você é compartilhar sua história e sua visão. Ser você é aprender com as suas experiências, e fazer de cada passo uma nova lição.

SER VOCÊ É TRAÇAR SUA **PRÓPRIA ROTA**. QUALQUER COISA DIFERENTE DISSO, DIFERENTE DA SUA AUTENTICIDADE, NÃO SE SUSTENTA.

Qualquer coisa que não seja você, você não deve querer ser. Só tem uma questão: você é uma pessoa incrível, mas o mundo só vai saber se você contar.

Somos a extensão do DNA de Cristo. Somos prósperos, incríveis e infinitos.

> "O NOSSO CORPO TEM MUITAS PARTES, MAS O CONJUNTO CONSTITUI UM SÓ CORPO. ASSIM É TAMBÉM O CORPO DE CRISTO: CADA UM DE NÓS É UMA PARTE DO CORPO."
>
> 1 CORÍNTIOS 12:12

“

DIA **23**

# CORAGEM É FAZER AGIR O QUE ESTÁ NO CORAÇÃO.

MARI COELHO

”

A palavra coragem vem do latim CORACTIUM. A palavra COR significa coração, ACTIUM é agir sobre. Logo, coragem é fazer agir o que está no coração.

Você já se perguntou porque tem algumas coisas que, para você, são oportunidades incríveis, mas para outras pessoas aquilo parece não ser muito interessante? É porque só temos vontade de fazer algo que temos capacidade de conseguir realizar. Por isso, seus desejos são diferentes de muitas pessoas que estão com você. Porque é a sua coragem, não a delas.

VOCÊ QUER FAZER ALGO? **FAÇA!**
NÃO QUER? **NÃO FAÇA.**

Tem vontade de escalar o MontEverest? Vá! Quer fazer um livro? Faça!

Não se preocupe com o COMO antes de decidir O QUE deseja fazer.

"AGRADA-TE DO SENHOR, E ELE SATISFARÁ OS DESEJOS DO TEU CORAÇÃO."

SALMOS 37:4

“

DIA 24

O QUE VALE NÃO É O QUE VOCÊ SABE FAZER, MAS O QUE FAZ COM AQUILO QUE SABE FAZER.

MARI COELHO

”

Eu dei aula por 17 anos, quase duas décadas ensinando. Apesar de ser um dom incrível e ter contribuído muito com os alunos durante a minha jornada, descobri que apenas saber o que eu sou boa não é o que vai me trazer resultados. Eu preciso saber qual melhor ambiente para usar meu talento? Qual melhor solução que eu posso entregar para as pessoas com as minhas habilidades?

Sabe o que eu fiz? Enquanto em sala de aula eu "abria" a cabeça do aluno para colocar o conteúdo ali dentro, descobri que se eu mudasse a direção poderia "abrir" a cabeça das pessoas para tirar o conteúdo delas. Então criei uma empresa que transforma o conhecimento das pessoas em produtos como: livros, cursos, apostilas, palestras, treinamentos, mentorias...

NÃO É SOBRE VOCÊ, É SOBRE COMO O MUNDO PODE SER **BENEFICIADO** COM OS SEUS TALENTOS.

Eu brinco que dei aula muito tempo para quem não queria aprender, por isso eu aprendi a ensinar. Mas o valor não está no que eu sei fazer, mas sim no que eu faço com aquilo que eu sei fazer.

Pense, reflita. Você pode muito mais do que se capacita. Fure a bolha e enxergue além. Enquanto se limitar pelas opções que o mundo impõe, vai viver de acordo com os sonhos e vontades de alguém.

"TIRAI-LHE, POIS, O TALENTO E DAI-O AO QUE TEM DEZ. PORQUE A TODO O QUE TEM SE LHE DARÁ, E TERÁ EM ABUNDÂNCIA; MAS AO QUE NÃO TEM, ATÉ O QUE TEM LHE SERÁ TIRADO."

MATEUS 25:28-29

## DIA **25**

# QUE VOCÊ TENHA TODOS OS DIAS A ENERGIA DE QUANDO COMEÇOU.

MARI COELHO

Sabe o dia um, aquele que você está animado, quando começa um projeto novo, coloca uma ideia em prática, tira uma ideia do papel? Sabe quando você começa um emprego novo, um novo relacionamento...?

Os primeiros dias são cheios de energia, você quer mudar o mundo em um único dia. Você quer amar como se não houvesse amanhã, quer trabalhar para acabar "ontem".

Essa energia que eu desejo que você tenha todos os dias! Não permita que o cansaço das semanas, os problemas corriqueiros, as reclamações, os erros... não permita que nada mude a energia de quando começou.

QUANDO ESTIVER CANSADO, LEMBRE-SE **O QUE TE FEZ COMEÇAR**; POR QUAL MOTIVO VOCÊ QUIS MUDAR, E POR QUEM VOCÊ DECIDIU LUTAR.

Não queira viver cada dia esperando ele acabar, mas viva pela ânsia se um novo dia começar. Viva cada dia como se fosse a primeira vez. Que você tenha a vontade, a energia e a alegria de quando começou.

É uma escolha ter energia e alegria todos os dias, que você escolha ser assim.

"VINDE A MIM,
TODOS OS QUE
ESTAIS CANSADOS E
SOBRECARREGADOS,
E EU VOS ALIVIAREI."

MATEUS 11:28

“

DIA **26**

# NÃO SEJA A CÓPIA DE ALGUÉM QUE DEU CERTO.

MARI COELHO

”

As pessoas vivem dizendo: "Faz assim porque dá certo para todo mundo!" Como dizia sua mãe: você não é todo mundo.

Existe uma linha que divide entre "ser você mesmo" com "ser alguém que tem sucesso"? Será que você pode ser você e ter sucesso mesmo assim?

Particularmente, não tenho nada contra o fato de se inspirar em pessoas que deram certo. Porém, até que ponto vai essa inspiração?

Muitos de nós, quando estamos iniciando algo que não temos familiaridade, vamos pelo caminho que alguns já percorreram. Nesse caminho existem rastros de alguém, mas será que a pessoa que você está buscando ser, é a sua melhor versão ou simplesmente a cópia de alguém que deu certo?

ACREDITO QUE **O SUCESSO TEM UM PREÇO A SE PAGAR**, MAS A SUA ESSÊNCIA NÃO PODE SUMIR NA HORA DE SE EXPRESSAR.

Vejo as pessoas tão iguais às outras que mal consigo diferencia-las. E acho isso tão sem graça!

É mais difícil ser você, eu sei! Porém mais difícil ainda é não se conhecer. A única forma de existir é ser de verdade, não tem como você sustentar por muito tempo uma fraude.

> "PELO QUE DIZ: DESPERTA, Ó TU QUE DORMES, LEVANTA-TE DE ENTRE OS MORTOS, E CRISTO TE ILUMINARÁ."
>
> EFÉSIOS 5:14

## DIA **27**

# O RACIONAL FAZ SENTIDO, MAS SÓ O IRRACIONAL TE FAZ SENTIR.

MARI COELHO

Sempre fui uma pessoa extremamente racional, sou formada em matemática e quase todas as minhas decisões faço conta. Simulo cenários e vejo as opções antes de fazer uma escolha. A pergunta que sempre faço é: O que é o pior que pode acontecer se eu fizer isso?

Mas a questão é, na vida nem tudo tem razão, algumas coisas não fazem sentido, e mesmo assim fazemos, isso acontece pela emoção.

COM O TEMPO PERCEBI QUE SER RACIONAL É BOM, MAS SER IRRACIONAL **É NECESSÁRIO.**

Lembro-me quando descobri que escrevia poesias inspirada por Deus, nesse processo comecei a escrever coisas que nunca estudei como se fosse especialista. E eu pensava: Será que isso é coisa da minha cabeça? Logo me lembrava que sou racional demais para isso.

Mas entendi que, enquanto deixasse a razão reinar, não teria lugar para o sobrenatural de Deus agir. Deixe a razão de lado, pois para você sentir, precisa ter a loucura e a coragem de ser irracional.

Nem tudo tem explicação, mas para Deus existe uma emoção que supera qualquer razão. Não queira validar tudo, mas permita sentir um pouco de tudo. O irracional vai além do que faz sentido, mas ele te faz acreditar sem saber e te mostra o poder de sentir o desconhecido.

Para mim, isso é amor*, em todas as suas traduções e nas suas quatro definições.

---

**Amor: "Eros" (amor romântico) "Philia" (amizade) "Storge" (amor familiar) "Ágape" (amor divino e incondicional)*

"AGORA, POIS, PERMANECEM A FÉ, A ESPERANÇA E O AMOR, ESTES TRÊS; PORÉM O MAIOR DESTES É O AMOR."

1CORÍNTIOS 13:13

## DIA **28**

“SE AQUILO QUE VOCÊ FAZ, VOCÊ NÃO FARIA DE GRAÇA, TALVEZ VOCÊ NÃO ESTEJA FAZENDO A COISA CERTA.

MARI COELHO”

Você provavelmente já ouviu alguém reclamar por não estar sendo pago pelo seu trabalho. Pois é, se você já ouviu isso ou até mesmo disse isso para alguém, reflita.

QUANDO EXECUTAMOS NOSSO TALENTO, NÃO NOS PREOCUPAMOS COM O PREÇO QUE ESTAMOS RECEBENDO, MAS SIM COM O VALOR DE **AGIR E SERVIR** NO NOSSO NATURAL.

O especialista não precisa estudar para responder algo. Quem ama o que faz, não se preocupa em cobrar para começar a fazer.

Não estou dizendo que você deve fazer as coisas de graça, ou que não deve cobrar pelo seu serviço, pelo contrário. Eu acredito que devemos ser muito bem remunerados pelo o que fazemos, principalmente quando estamos no nosso talento. A minha reflexão é, se o que você faz, você não faria de graça, talvez não esteja fazendo a coisa certa.

Perceba: Se você tem amor pelo o que faz, se é leve o seu trabalho, ou se existe um peso pra executar isso. Atente-se aos sinais.

> "ORA, ENSINAVA JESUS NO SÁBADO NUMA DAS SINAGOGAS."
>
> LUCAS 13:10

“

DIA **29**

# QUEIRA SER REFERÊNCIA E PREPARE-SE PARA SER COPIADO.

MARI COELHO

”

Você tem ou já teve medo de ser copiado? Eu já tive e vou te contar como eu superei esse medo.

Sou extremamente criativa e autêntica. Não gosto de ter nada igual de alguém, gosto de ser e fazer diferente. Mas, como todo bom criador, quando você cria algo as pessoas copiam, é natural.

A questão é que as pessoas só podem nos copiar naquilo que já fizemos. Então, se estão copiando é porque, de alguma forma, somos referência nisso. Eu sei que não é legal ser copiado, mas entenda que quando você vira referência, as pessoas se inspiram em você.

Não digo que sou a favor das cópias, pelo contrário; Acredito que ninguém deve ser cópia de alguém que deu certo. Mas o intuito aqui é te mostrar que é necessário trocar o medo de ser copiado pelo desejo de ser referenciado.

GERE SIGNIFICADO, SEJA VOCÊ MESMO. **CRIE E ENSINE SEM MEDO.**

Porque quando você se preocupa em ser copiado ensina a fazer faltando um pedaço para chegar no resultado. Pense nisso.

"DIZIA EU: FALEM OS DIAS, E A MULTIDÃO DOS ANOS ENSINE A SABEDORIA."

JÓ 32:7

“

DIA **30**

# CONCORRÊNCIA SIGNIFICA COMPETIR A ESSÊNCIA. VOCÊ ACHA ISSO POSSÍVEL?

MARI COELHO

”

Eu nunca acreditei em concorrência. Para mim, cada pessoa é única e o negócio é sempre a extensão da singularidade de alguém.

As pessoas não se conectam por produtos ou serviços, mas por experiências e benefícios.

Quando contrata alguém, você não compra o produto ou o serviço dela, mas contrata o olhar dela no seu negócio. Por favor, me diga como isso é copiável?

A nossa experiência é o que temos de mais valioso, sabe o que é mais incrível dela? É que se quiséssemos hoje ensinar para alguém tudo que sabemos, não seria possível. Porque nosso conhecimento é acessado conforme a necessidade.

NÓS **SOMOS O RESULTADO** DE TUDO QUE VEMOS E NÃO VEMOS, ERRAMOS E APRENDEMOS.
É O CONJUNTO DE TUDO ISSO QUE NOS TROUXE ATÉ AQUI.

A nossa história, as nossas dores, até as nossas decepções nos formaram. Você cresceu em uma boa família? Agradeça por isso. Talvez você não teve a família que queria? Agradeça também. Tudo que já viveu, cada detalhe da sua história permitiu que você chegasse até aqui hoje: o topo. Sim, o lugar que você está hoje é o seu topo. Porque no agora, não tem como você estar em um lugar melhor.

Por isso, valorize cada pedaço da sua vida, cada lembrança e coloque isso no seu currículo. Enquanto alguns brigam por espaço, valorize a sua singularidade.

Pare de olhar para o seu "concorrente", a única pessoa que você precisa vencer, é você mesmo.

A sua essência é única e valiosa, não tem como alguém além de você, competir ou concorrer com isso.

"TUDO QUANTO, POIS, QUEREIS QUE OS HOMENS VOS FAÇAM, ASSIM FAZEI-O VÓS TAMBÉM A ELES; PORQUE ESTA É A LEI E OS PROFETAS."

MATEUS 7:12

“

## DIA **31**

NO COMEÇO ACHEI QUE ISSO FOSSE TUDO, HOJE SEI QUE ISSO É APENAS UMA PEQUENA PARTE DE TUDO.

MARI COELHO

”

Quando eu comecei a trabalhar com o que faço, tudo era muito confuso. Fazia as coisas e ia ajustando de acordo com minha intuição. Até que, chegou um momento que me encontrei, consegui ver o sentido em tudo que fazia, consegui ver o significado e o propósito daquilo. E foi muito lindo porque eu tive um sentimento de: É isso, e isso é tudo!

Com o tempo esse "tudo" se tornou apenas uma parte e aquilo que achei que tinha encontrado, se tornou apenas um pedaço de algo muito maior que vou construir.

Por que eu resolvi te contar isso? Porque às vezes você já encontrou o seu TUDO ou talvez ainda esteja na busca.

SAIBA QUE ALGUMAS COISAS
VOCÊ SÓ VAI ENXERGAR
**DEPOIS DO PRIMEIRO PASSO.**

Não espere encontrar o que está buscando para começar a executar o que precisa. Comece fazendo, vá ajustando, arrume de acordo com sua intuição e saiba que mesmo que você tenha encontrado TUDO, o que você vai fazer nesse mundo é muito maior do que você consegue mensurar.

**O mundo não é pequeno, nós que somos grandes demais.** Não se esqueça disso.

Busque pelo seu máximo, mas saiba que, quando encontrar ele, ainda será apenas uma pequena parte de algo muito maior que você é capaz de realizar.

"EM VERDADE, EM
VERDADE VOS DIGO
QUE AQUELE QUE CRÊ
EM MIM FARÁ TAMBÉM
AS OBRAS QUE EU
FAÇO E OUTRAS
MAIORES FARÁ,
PORQUE EU VOU PARA
JUNTO DO PAI."

JOÃO 14:12

Espero que ao
compartilhar com você
percepções, pensamentos,
e sentimentos você possa
perceber que a conexão
divina sempre esteve
dentro de você.

# Agora é sua vez

Escreva a sua **frase favorita** e abaixo uma **reflexão** que teve com ela.

FRASE FAVORITA

REFLEXÃO

QUE A SUA LUZ
DIRECIONE E
ILUMINE
A ESCURIDÃO
DO MUNDO.

Com amor,
Mari Coelho

*Dedico este livro ao meu marido Ricardo e nossa filha, a princesa Penélope.*